CATALOGUE

D'UNE

COLLECTION

DE

BAGUES, BIJOUX, CAMÉES, INTAILLES
SCARABÉES, ETC.

MÉDAILLES

ARTISTIQUES, PLAQUETTES, BAISERS DE PAIX

BRONZES

GRECS, ROMAINS & DE LA RENAISSANCE

TERRES CUITES DE TANAGRA, ETC.

OBJETS DE CURIOSITÉ

EN BUIS, NACRE, ETC.

EMAUX

DE LIMOGES ET BYSANTINS

OBJETS DIVERS

PROVENANT DE LA COLLECTION DE

M. Théodore STROOBANTS, de Bruxelles

DONT LA VENTE AURA LIEU AUX ENCHÈRES PUBLIQUES

Le Jeudi 18 Décembre 1884, à 1 heure 1/2 précise

HOTEL DES COMMISSAIRES - PRISEURS

RUE DROUOT, SALLE N° 4, AU PREMIER

Par le ministère de

Me Maurice DELESTRE, commissaire-priseur, rue Drouot, 27

Assisté de MM. ROLLIN et FEUARDENT, experts, 4, rue de Louvois

Et de M. B. LASQUIN, expert, rue Laffitte, 12

CHEZ LESQUELS ON TROUVE LA PRÉSENTE NOTICE

EXPOSITION PUBLIQUE

Le mercredi 17 à 2 heures

1884

©

CONDITIONS DE LA VENTE

Elle sera faite expressément au comptant.

Les adjudicataires paieront cinq pour cent en sus des enchères

L'exposition mettant le public à même de se rendre compte de
l'état des objets, aucune réclamation ne sera admise
une fois l'adjudication prononcée.

———

Le présent catalogue ayant été rédigé à la hâte par le proprié-
taire de la collection, nous nous réservons de faire, s'il y a lieu,
les rectifications nécessaires au moment de la vente.

Bagues, Bijoux, Camées

INTAILLES

Scarabées et terres cuites

1. 1 Bague avec intaille « Nicolo ». OR

2. 1 id. pâte antique OR

3. 1 id. camée vert OR

4. 1 id. intaille grecque OR

5. 1 id. cabochon turquoise OR

6. 1 Bas-relief en terre cuite de Clodion, cadre Louis XVI.

7. 1 Bague en or (alliance avec 2 diamants, époque de Henri II.

8. 1 Bague avec intaille Sardoine antique.

9. 2 Bas-reliefs en terre cuite par Marin.

10. 1 Camée en ivoire et or émaillé.

11. 1 Bague en or, camée, nègre.

12. 1 Plaquette en bronze du XVIIe « Van Vianin »

13. 1 Bague d'évêque, en or et perles fines.

14. 1 Bague en or avec 2 portraits en nacre du
XVIe.

15. 2 Têtes de figurines, terre cuite de Tanagra.

16. 1 Bague en or avec intaille Sardonix rubannée,·
antique.

17. 1 Bague en or avec intaille plasma, antique.

18. 1 Epingle en or avec camée, buste de femme
XVIe.

19. 1 Bague en or avec camée « Faune ».

20. 1 Camée doublé du XVIe.

21. 1 Bague mérovingienne en or.

22. 1 Epingle en or avec intaille sur cornaline.

23. 1   id.   avec camée « Vénus ».

24. 1 Camée « Léda ».

25. 1 Intaille jaspe sanguin.

26. 1   id.   Sardoine antique.

27. 1 Bague en cuivre armorié.

28. 1 Camée coquille.

29. 3 Bagues en bronze, armoriées.

30. 1 Scarabée en ivoire.

31. 1 Grande statuette en terre cuite grecque. (Collection du duc de Litta).

32. 1 Camée en rouge antique « Faune ».

33. 1 Ecrin contenant 4 couteaux et 4 fourchettes (travail italien).

34. 4 Evangélistes en bronze gothique.

35. 1 Enseigne de chapeau du xvᵉ.

36. 1 Statuette en terre de Tanagra.

37. 1 Camée rouge antique.

38. 1 Scarabée sur Calcédoine.

39. 1 Plaquette en bronze du xvıᵉ « Dieu le Père ».

40. 1 Terre cuite grecque « Buste de Vénus ». Collection de Bammeville, nᵒ 110.

41. 1 id. Tanagra, jeune femme debout. Collection de Bammeville, nᵒ 181.

42. 1   id.   Tanagra, jeune garçon assis. Col-
lection de Bammeville, n° 197.

43. 1 Bague avec intaille sardoine « tête ».

44. 1   id.   id.   jaspe noir « 2 têtes ».

45. 1   id.   id.   sardoine antique « tête
d'homme ».

46. 1 Intaille antique « Jupiter Ammon ».

47. 1 Plaquette en bronze du xvᵉ. 3 figures.

48. 1 Intaille. Buste de femme à gauche.

49. 1   id.   id.   droite.

50. 1   id.   Minerve casquée, à droite.

51. 1   id.   Léda. Buste à gauche.

52. 1   id.   Diane. id.   droite.

53. 1 Scarabée antique brun.

54. 1 Pommeau d'épée en fer du xviᵉ.

55. 1 Bague romaine or avec scarabée sardoine.

56. 1 Intaille sardoine grecque.

57. 1 Bague or et argent, émaillée du xviᵉ.

58. 1 Intaille sardoine. 1 figure.

59. 1   id.   Lapis antique.

60. 1 Bague gothique en cuivre.

61. 1 Bague camée or « Méduse ».

62. 1 Scarabée grec en Sardonix.

63. 1 Bague gothique en argent. « Cilius Gasa ».

64. 1   id.   camée onyx du xvie.

65. 1   id.   intaille sardoine « tête d'homme ».

66. 1   id.   id.   cornaline « Vénus sortant du bain. »

67. 1 Bijou en or émaillé.

68. 1 Bague   id   « Henri II ».

70. 1 Intaille « Satyre ».

71. 1 Bague en or et diamant du xvie.

72. 1 Camée Sardonix oriental, monture en or « Catherine de Médicis ».

Médailles artistiques

Plaquettes, Bossettes, Enseignes de chapeaux

Baisers de Paix en bronze et plomb

73. 1 Baiser de paix en bronze doré.

74. 2 Plaquettes en bronze du xvi°.

75. 1   id.   id.   id.

76. 1   id.   id.   doré du xvie.

77. 1 Médaille en cuivre « Hutton Ulrich 1520 ».

78. 1 Plaquette en bronze xviie.

79. 1 Baiser de paix en bronze doré du xvie.

80. 1 Plaque en bronze du xvie.

81. 1 Médaille en bronze du xvie.

82. 1 Enseigne de chapeau en bronze du xve.

83. 1 Plaquette en bronze du xvie.

84. 1 Baiser de paix en bronze roman.

85. 3 Plaques gothiques en bronze émaillé du XVIe.

86. 1 Médaille en étain « François Ier ».

87. 1 Plaquette en bronze encadré.

88. 1 Médaille dorée « Barbérinus ».

89. 1 Plaquette en bronze doré du XVIe.

90. 1 Baiser de paix en bronze du XVIe.

91. 4 Plaquettes en bronze du XVIe.

92. 1 Baiser de paix en bronze du XVIe.

93. 1 Plaquette en bronze du XVIIe.

94. 1 Médaille en bronze « Cosme de Médicis », du
    XVIe.

95. 1 Plaquette en bronze du XVIe.

96. 1 Enseigne de chapeau en bronze du XVIe.

97. 1 Bas-relief en bronze du XVe.

98. 1   id.   rond en bronze du XVe.

99. 2   id.   en étain du XVIIe.

100. 1 Bague avec intaille jaspe noir.

101. 2 Intailles « Nicolo ».

102. 1 Plaquette ronde en fer « Bacchus ».

103. 1 Enseigne de chapeau en bronze du xve.

104. 1 Bague en or émaillée « Alliance xvie ».

105. 1 Croix en or émaillée « Tête de mort » xviie.

106. 1 Bague en or « Thermomètre », xviiie.

107. 1 Médaille en bronze padouane.

108. 1   id.   id.   romain « Adrien ».

109. 2 Plaquettes en bronze du xvie.

110. 1   id.   id.   le Christ et 2 saints.

111. 1   id.   id.   du xvie.

112. 1   id.   id.   id.

113. 1   id.   id.   du xviie « La Flagella-
                                            tion ».

114. 1   id.   id.   du xviie.

115. 1 Plaque ronde en bronze.

116. 1 Médaille en bronze du xve.

117. 1 Plaquette   id.   du xvie.

118. 1   id.   id.   « Cheval et 2 figures ».

119. 1   id. ·   id.   du xve « Bacchanale ».
         Coll. Hiss de la Sale.

120. 1   id.   en plomb, de M. Albert Durer.

121. 1   id.   en bronze du xvie.

122. 1 Plaquette en argent. Bas-relief par Jean
         Goujon.

123. 1 Bossette en bronze doré du xvie.

124. 1 Pommeau de canne en fer du xviie.

125. 1 Médaille en bronze uniface « Ferdinand Ier de
         Médicis ».

126. 1   id.   id.   « Politeus, archevèque de
         Bologne. »

127. 1   id.   id.   « Johannès Aloisius ».

128. 1   id.   id.   « Baldvinus di Monti »,
         Cavino.

129. 1   id.   id.   « Dulcius » Padoue 1539.

130. 1   id.   id.   « Johannès Valletti »
                               1494-1568.

131. 1   id.   id.   « Bandinus » 1600.

132. 1   id.   id.   « Divus Petrus Aretinus »

133. 1   id.   id.   « Balthazar Castiglione ».

134. 1   id.   id.   « F. J. de Valletti ».

135. 1 Médaille Tiberius Decanvs, bronze.

136. 1 Médaille bronze « J. F. Gonzague Pisannello ».

137. 1 Plaquette du xvɪᵉ « Le Jugement de Pâris »,
         bronze.

138. 1 Bossette du xvᵉ, bronze.

140. 1 « Fibule », bronze romain.

142. 1 Plaquette en bronze, xvɪᵉ.

143. 1 Plaquette ronde bronze doré du xvɪ° « Sainte-
         Catherine ».

144. 1 Pommeau de canne artistique Louis XIV,
         en argent.

145. 1 Couteau du xvɪᵉ, manche en argent gravé par
         Thʳᵉ de Bry.

Objets divers

146. 1 Cadre en bronze doré à double face.

147. 1   —   —

148. 1 Marteau de porte en bronze Italien du xviᵉ.

148ᵇ 2 Mascarons en bronze doré du xviiᵉ.

149. 1 Bas-relief en bronze doré du xviᵉ.

149ᵇ 1 Vénus couchée en bronze doré du xviiiᵉ.

150. 1 Cadre en bronze du xviᵉ.

151. 1 —   —   —

152. 2 Pieds de Reliquaire en bronze doré du xviᵉ.

153. 1 Plaque en fer repoussé du xviiᵉ.

154. 1 Coffret en fer, damasquiné or et argent
          du xviᵉ.

155. 1 Casque en fer doré du xviiᵉ.

156. 1 Buste du Pape Grégoire XIII, en bronze
          du xviiᵉ.

157. 2 Chimères ailées en bronze doré du xviᵉ.

158. 1 Buire en bronze du xvie.

159. 1 Montrance gothique en bronze doré du xve.

160. 1 Encensoir roman en bronze doré du xiiie.

161. 4 Plaques rondes en bronze doré du xve.

162. 1 Crosse d'évêque, Br. Byzantin du xiiie.

163. 1 Cartouchière en fer et ivoire gravé du xvie.

164. 1 Amorçoir en fer du xviie.

165. 1 Fragment de Reliquaire gothique bronze, du xve.

166. 1 Saint-Georges, fer damasquiné, sur socle en porphyre du xvie.

167. 1 Couteau, manche en ivoire, du xvie.

168. 1 Flambeau en bronze roman du xiiie.

169. 1 Aqua-Manilla, bronze Lion, du xve.

170. : Email de Limoges du xvie.

171. 1 Flambeau cuivre, figure, du xviie.

172. 1 Statuette bronze, sur socle, du xvi .

173. 6 Plaques ovales bronze du xviiie.

174. 1 Plaquette Byzantine en bronze.

175. 1 Dague en fer damasquiné or et argent du xvi⁰.

176. 1 Nœud de calice gothique.

177. 1 Custode en cuir gauffré.

178. 1 Clef en fer forgé Louis xiii.

179. 1 Figurine en bronze du xive.

180. 1 Crosse de bâton pastoral Br. du xve.

181. 1 Plaque Byzantine « Reliure de livre ».

182. 1 Plaque ronde en émail de Limoges « Léonard Limousin ».

183. 1 Custode en bronze du xive.

184. 1 Flambeau en bronze du xvie, « Satyre ».

185. 1 Assiette en émail de Limoges « défectueuse »

186. 4 Etriers en fer damasquiné mauresque.

187. 2 Dauphins en bronze du xvie.

188. 1 Couteau et une fourchette cuivre argenté du xvie.

189. 1 Petite Buire en bronze, romain.

190. 1 Plaque ronde en bronze repoussé.

191. 1 Flambeau bronze du xve.

192. 1 Crosse Byzantine.

193. 1 Centaure du xve, Italien, en argent, sur socle.

194. 1 Bas-relief bronze du xvie, « Les Fils de Niobé ».

195. 1 Bas-relief bronze du xviiie.

196. 1 Coffret gothique en cuir gauffré et belle Serrure gothique en fer.

197. 1 Email rond de Limoges.

198. 1 Custode en bronze doré gothique.

199. 1 Flambeau bronze « Faune ».

200. 1 Bacchus, bronze du xviie.

201. 1 Pommeau d'épée en fer, figures en relief.

202. 1 Encrier-Boussole en bronze du xvie.

203. 1 Aumonière Louis XIII, fermoir en argent.

204. 1 Drageoire en fer repoussé Louis XIII.

205. 1 Calendrier en bronze doré du xviie.

206. 1 Calendrier en argent doré du xviie.

Objets en ivoire

Buis, nacre, etc.

Bronzes grecs et romains

207. 1 Urne en bronze romain, avec gouttelettes en
Malachite.

208. 1 Mercure romain.

209. 1 Bronze romain, « Figure drapée ».

210. 1 Fragment en ivoire gothique.

211. 1 Statuette en bronze « Fragment d'une Halle-
barde ».

212. 1 Bronze grec, « Panthère », patine noire.

213. 1 Médaille bronze romain, « Alexandre Sévère »

215. 1 Figurine en bronze romain, « Jupiter ».

216. 9 Plaquettes en or du xive, fragments d'un
coffret.

217. 1 Tête de Bacchante, bronze grec.

218. 1 Médaille bronze romain, « Alexandre Sévère »

219. 1   —   —   —   « Gordien »,

220. 1   —   —   —   « Alexandre Sévère »

221. 1 Médaillon en nacre sculpté, « Saint-Georges »

222. 1 Médaille bronze romain « Philippe ».

223. 1 Pion d'échec, « Roi Charlemagne ».

224. 1 Figurine en bronze grec, « Minerve ».

225. 1 Médaille grand bronze, Lucius « Vérus ».

226. 4 Médaillons en buis, « Les animaux des quatre
Evangélistes ».

227. 1 Médaillon en nacre, « Saint-Georges et
Saint-Sébastien ».

228. 1 Bas-relief en buis du XVIIᵉ.

229. 1 Reliquaire en argent, avec bas-relief en
ivoire.

230. 1 Pixide en ivoire et argent, émaillé, XVᵉ,
« Fleurs de Lys ».

231. 1 Bas-relief en ivoire rond du XVIIᵉ, « manière
de Aldegraver ».

Imprimerie Alcan-Lévy, 18, passage des Deux-Sœurs.